AF329315

DONA ISABELLE.

I. Il nous arrive de Madrid une glorification poétique de *Dona Isabelle II, reine d'Espagne.*

Elle est signée d'un écrivain de mérite, de l'Académie espagnole, ancien ami, nous dit-on, de Donoso Cortès, ce qui est un titre d'estime.

L'auteur, M. Eugenio de Ochoa, remue bien des questions qui touchent à la politique française, comme à la politique espagnole ; et il n'est pas sans intérêt pour nous de voir s'il ne les fausse pas au point de vue de l'histoire.

L'écrit s'ouvre par un dithyrambe sur la naissance de Dona Isabelle, le 10 octobre 1830. Tout Madrid palpita, dit le poète, en comptant les coups de canon qui annonçaient un héritier du trône ! C'est ainsi qu'avait palpité Paris sous le canon des Invalides, au 29 septembre 1820. Nous trouvons juste que M. de Ochoa rappelle aux peuples de telles émotions et de tels souvenirs ; c'est leur apprendre à mesurer les abîmes qu'ils ont traversés, et peut-être ceux qu'il leur faudra traverser encore.

Mais le canon de Madrid n'avait pas annoncé seulement une naissance, il avait annoncé une révolution ; à la différence de celui de Paris qui avait annoncé à la nation française qu'en dépit des révolutions ses vieilles lois vivaient toujours.

Laissons ces comparaisons, et entrons dans la question politique de M. de Ochoa. Ce qu'il se propose, c'est de montrer que la naissance de Dona Isabelle ramenait l'Espagne dans la plénitude de son droit sur elle-même ; et en ce sens il semble s'applaudir que ce fût une princesse qui fût annoncée à l'Espagne, parce que de la sorte allait éclater la souveraineté de la monarchie, et son affranchissement d'une loi d'hérédité imposée par la politique.

Grande question, on le voit, et digne d'une controverse sérieuse, si M. de Ochoa ne la mêlait de questions de parti, et même de personnalités que nous ne devions pas trouver sous une plume qui veut être monarchique.

Quelques mots d'abord sur les personnalités. Don Carlos, dès 1826 et 1827, représentait, selon M. de Ochoa, un parti de moines, d'absolutistes et d'imbéciles ; et quel qu'eût été l'héritier du trône, prince ou princesse, il y avait dans l'entourage de don Carlos toutes les conditions et tous les apprêts d'une guerre civile par le parti pris de s'opposer, fûtce par les armes, à une politique qui tendait à l'avancement de la nation dans les voies nouvelles de la liberté. C'est comme un démenti donné aux opinions politiques, qui devaient mettre Don Carlos à la tête des populations, qui avaient en Espagne le plus d'aversion pour la servitude !

Mais il y a là bien autre chose qu'une contradiction, et certes on peut voir à présent s'il s'agissait en 1826, et plus tard en 1830 et 32 de prendre parti pour les idées *libérales* de Ferdinand VII et de la reine Christine, ou pour les idées arriérées d'une monacaille hébétée.

M. de Ochoa manque de hardiesse et de justice à la fois dans cette manière de faire deux parts de la politique espagnole. Il eût été plus philosophique et plus chrétien d'avoir le courage de tout dire sur l'état lamentable de la cour d'Espagne depuis soixante ans, sur la fatale éducation des princes, sur l'amollissement des grands, et sur l'énervement où la nation entière, malgré son énergie native, risquait de s'abîmer à de tels exemples.

Et cela dit, il n'y avait plus à faire de choix de personnes dans un tel abaissement. A quoi bon d'ailleurs une préférence en des questions de justice politique et de droit public ? Mieux vaut laisser aux révolutions le soin de faire table rase ; et de fait, ces divisions entre princes que le même droit, que le même intérêt, que le même devoir unit, ne sont autre chose qu'un signal donné aux révolutions. Pour elles, il s'agit bien d'idées *libérales* d'une part, d'idées *rétrogrades* d'autre part ! Il s'agit bien de Ferdinand ou de Carlos ; de

grande politique avec l'un, de politique idiote avec l'autre !
Il s'agit de tout mettre à bas du même coup, et il semble
que M. de Ochoa pourrait n'avoir pas de doute sur ce point.
Cet écrivain est à Madrid ; il n'a qu'à ouvrir les yeux.

Donc laissons la question des personnes ; nous n'avons
pour nous à contester aucune des divines vertus que M. de
Ochoa célèbre dans la personne de Dona Isabelle ; qu'il nous
suffise de l'éloge qu'il ose donner à demi-voix à la probité
de Don Carlos. Après quoi la question politique reprend son
intégrité.

Cette question est complexe ; c'est une question de droit
national et de droit public tout à la fois.

« La succession du trône, dit M. de Ochoa, étant échue à
une femme, il était de toute évidence que la question dynastique ne pouvait être vidée autrement que par le sort
des batailles. Personne n'ignorait que, d'après les lois espagnoles, les filles de rois se trouvent appelées de temps im-
mémorial à régner en l'absence des mâles; néanmoins personne ne doutait que, le cas échéant, on ne manquerait
certainement pas d'invoquer, contre une princesse héritière,
la loi de Philippe V faite aux cortès de 1713, sans tenir
compte des actes postérieurs, tout aussi valides, par lesquels la loi salique avait été abolie en Espagne. Il ne fallait
qu'un prétexte, et on en trouvait là un tout prêt. »

M. de Ochoa veut dire que ce fut là toute la cause des
guerres civiles; il eût pu dire qu'en d'autres temps, c'est une
guerre politique au dehors qui se fût allumée. Petite considération ! Il n'y pense pas.

Assurément le vieux droit espagnol appelait les femmes
à l'hérédité ! Qui ne le sait ? Qui ne sait aussi la longue anarchie où se débattirent tant de successions dans ces royautés
disputées ? Mais enfin tel était le droit de l'Espagne.

On suppose toujours qu'en 1713 le droit national fut
changé par la volonté arbitraire de Philippe V ; c'est sous-
entendre que cette volonté n'engagea point l'Espagne; mais
que ce fut comme un incident dans l'hérédité, contre lequel le droit national devait garder sa vigueur.

Mais ce n'est pas ainsi que se fit la transformation de l'hérédité espagnole. En reconnaissant le droit du duc d'Anjou, l'Espagne le reconnut avec les conditions de royauté
qu'il lui apportait au nom de la France ; et, en ce sens, la
révolution dans le droit royal fut une révolution qui engagea la nation entière, non seulement envers elle-même,
mais envers la France, de qui elle la recevait avec pleine dé-
libération de ses actes.

La lutte soutenue par l'Espagne en faveur de Philippe V avait impliqué notoirement pour elle comme pour l'Europe l'acceptation et la défense de la loi salique, et cela ne fit doute pour aucune des puissances qui figurèrent à la paix d'Utrecht.

Donc l'avénement de Philippe V fut la proclamation d'un droit nouveau d'hérédité, lequel entra avec ses conséquences dans le droit public de tous les Etats.

Quelles furent donc ces conséquences? La première et la plus naturelle de toutes fut manifestement que l'Espagne ne pouvait altérer son droit d'hérédité royale sans violer le droit même de l'Europe, et en particulier le droit conventionnel qui la liait à la France.

Pour que la France, en effet, crût à la monarchie de Philippe V, il fallait qu'elle y crût avec les conditions d'hérédité qu'elle apportait avec elle et que l'Espagne avait non seulement acceptées, mais défendues par ses armes.

Et cela en tout état de cause. Si bien que, même aujourd'hui, et lorsque la famille de Louis XIV est absente de son trône, la France, quel que soit son gouvernement, a manifestement le droit de rechercher le dommage politique qui peut lui avoir été fait par la violation du droit de succession, convenu, concerté et maintenu en commun, soit par la guerre, soit par les traités.

Ceci n'est point un paradoxe. On va le voir.

II. L'abolition de la loi salique, c'est la dépossession de la maison d'Anjou du trône d'Espagne.

C'est pourquoi lorsque le régent, en 1718, s'aventura en des entreprises de guerre contre Philippe V, Saint-Simon, peu suspect de prédilection pour le sang de Louis XIV, écrivit un mémoire où il montrait le péril de cette politique. Et il disait au régent dans ce mémoire : « Que serait-ce si, dans le cas des succès les plus éclatans, Philippe V à toute extrémité s'en venait, détrôné, désarmé, se montrer à la France, redemander sa place dans la famille de Louis XIV, et revendiquer son droit de régence, *quelle en serait la résolution?* Je vous confesse, monsieur, ajoutait le duc de Saint-Simon, à vous tout seul, que pour moi qui n'ai jamais été connu du roi d'Espagne que dans sa plus tendre jeunesse, qui suis à vous de tous les temps... je vous confesse que si les choses en venaient à ce point, je prendrais congé de vous avec larmes, j'irais trouver le roi d'Espagne, je le tiendrais pour le vrai régent et pour le dépositaire légitime de l'autorité et de la puissance du roi mineur ; que si, tel que je suis pour vous je pense de la sorte, que pouvez-vous espérer, monsieur, de tous les autres bons Français ? » (1)

Telle était la logique de Saint-Simon, et ce n'est point à dire qu'elle puisse aujourd'hui garder ses applications : ce n'est pas non plus la question présente ; disons seulement que pour que la maison d'Anjou perdît son droit dans la maison de France, il fallait qu'elle fût assurée de la plénitude de son droit à la couronne d'Espagne. C'est dans ces termes qu'elle avait fait sa renonciation. Quoi ! la renonciation aurait sa validité, même alors que la royauté lui serait ravie ! Dans le système révolutionnaire, où il n'y a ni royauté, ni hérédité, ni droit national, ni droit public, où il n'y a que la force et le hasard, cela s'entend ; mais dans le système des Etats réglés, est-ce possible ?

Constatons de plus ce grand fait historique, c'est que l'élévation de la maison d'Anjou au trône d'Espagne, avec les conditions d'hérédité qui devaient et pouvaient seules lui en assurer politiquement la possession, se fit sous la sanction délibérée et armée de l'Espagne comme de la France ; que la volonté de l'une et de l'autre y fut librement engagée, et que ce changement de droit national entra dans le droit public de l'Europe elle-même, par l'assentiment notoire de tous les Etats.

Donc on ne pouvait jamais défaire ce qui avait été fait par un tel concours de volontés libres, sans violer la sainteté des engagemens publics, et quel que fût le temps où s'accomplirait cette violence, toujours elle serait une égale atteinte à la conscience des nations.

Et maintenant, M. de Ochoa vient nous parler « d'actes postérieurs, tout aussi valides, par lesquels la loi salique aurait été abolie en E-pagne ! »

Quels actes ! il ne les dit pas ; pourquoi les tenir dans le mystère ?

Nous en connaissons un, un seul, le décret de Ferdinand VII, du 29 mars 1830, portant que « les filles étaient habiles à succéder à la couronne d'Espagne à défaut d'enfans mâles dans la ligne directe.» Quoi! cet acte furtif, dérobé à un vieux roi par une jeune reine, qui avait hâte de s'emparer de l'avenir, cet acte de volonté personnelle, rompant un droit d'hérédité mis sous la sanction et la sauvegarde de tous les Etats, cet acte était aussi valide que les actes qui avaient engagé, par la paix comme par la guerre, les deux couronnes de France et d'Espagne à un abandon mutuel de droits, à un échange de stipulations et de renonciations.

(1) *Mém. du duc de Saint-Simon.*

réciproques, également sacrées pour l'une et pour l'autre !

La langue politique aurait donc changé le sens des mots ! Non ! ce n'est pas en des questions de cette sorte qu'il serait permis de dire : Vérité en deçà des Pyrénées, erreur au-delà ! En fait de convention, vérité partout !

Or, lorsque vint en France la nouvelle de ce décret du roi Ferdinand, orné du titre fastueux de pragmatique-sanction, souvenons-nous de l'émotion qui se fit dans la famille royale. M. le duc d'Orléans s'étonna plus que tout le monde; et en effet, c'était là pour lui une grosse affaire. « Ceci vous regarde, » lui dit le roi Charles X. Mais cela regardait aussi le roi, gardien des droits de sa maison comme de ceux de la France, si ce n'est, hélas ! que d'autres sollicitudes troublaient alors le gouvernement, harcelé, comme on le sait, non par des oppositions, mais par des conspirations ouvertes; donc on délaissa ou plutôt on ajourna cette question, la plus grave des questions, pour des temps réglés, mal jugée et à peine entrevue en des temps d'orage.

Nous avons dit qu'en d'autres temps, ce n'est pas une guerre civile, c'est une guerre politique qui se fût allumée à cette violation de tous les droits. Et parce que des violences d'une autre sorte ont ensuite détourné la pensée des Etats de ce renversement du droit public, nos affirmations n'ont pas perdu pour cela de leur vraisemblance. L'Europe a été mise hors de toutes les règles de la politique : quoi d'étonnant qu'elle ait laissé l'Espagne se jouer des lois qui lient les nations? Mais en des temps d'ordre et de respect, l'Europe n'eût pas vu se consommer cet acte arbitraire ; nous ne disons pas qu'elle l'eût vengé, nous disons qu'elle l'eût empêché de se produire, par la seule autorité morale des principes armés de la sanction de tous les Etats.

C'est pourquoi encore nous avons pu dire que la France, en tout état de cause, gardait le droit de réparer le dommage provenu pour elle en particulier de cette violation des stipulations, des traités et des renonciations qui avaient accompagné l'entrée de la maison d'Anjou en possession de la couronne d'Espagne.

Il n'y a plus de Pyrénées ! avait dit Louis XIV. C'était toute la signification de ce grand événement. Et plus tard on avait vu cette signification rendue plus éclatante par le célèbre *pacte de famille* de 1761. La France et l'Espagne ne devaient être qu'une nation, et la résistance des nations jalouses, de l'Angleterre surtout, avait au moins assez attesté ce qu'il y avait de puissant et de profond dans cette politique.

Que faisait donc le décret du roi Ferdinand VII ? Il rompait arbitrairement cette unité ; et s'il avait pu plaire à l'Espagne de se livrer de la sorte à l'épreuve des révolutions, elle n'était pas maîtresse de violer le droit qui la liait à la France ; il y avait en cela injure et dommage : injure par la rupture d'un pacte librement consenti, dommage par l'établissement d'un système de séparation, c'est-à-dire d'affaiblissement, à la place d'un système d'union, c'est-à-dire de force. Quand est-ce que le droit de réparation se montra plus manifeste ? Quelles guerres dans l'histoire eurent des motifs plus plausibles ? Et qui a dit que la guerre de 1808, si fatale dans son mode et dans ses suites, ne fut pas résolue par quelque secrète pensée analogue aux raisons d'Etat que nous énonçons ? Napoléon était-il homme à supporter que les *Pyrénées* abattues par Louis XIV se relevassent, même devant la révolution française ? Sa guerre fut un désastre ; mais qui affirmerait que pour son génie elle ne fut pas une expiation ?

Osons le dire d'ailleurs. Il y a dans ces perturbations des Etats, qu'elles proviennent du caprice d'un roi qui s'éteint, ou de la fureur d'une multitude qui n'a de règle que sa fantaisie, il y a dans ces dépossessions des pouvoirs reconnus et sanctionnés par la foi des peuples, non seulement un scandale, mais un péril pour tous les gouvernemens restés debout. Lorsqu'on voit tant de rois découronnés, errans par tous les chemins de l'Europe, et attestant par leurs fuites et par leurs exils la funeste puissance des factions de palais ou des séditions de place publique, n'est-ce pas comme une provocation ouverte, et légale en quelque sorte, à toutes les espèces de renversement ? Quel respect peut survivre dans le cœur des peuples, nous ne disons pas pour les vieilles races royales, mais pour les pouvoirs politiques quels qu'ils soient ? Et l'Europe, après avoir vu avec scepticisme de tels spectacles, est-elle assurée de ne pas devoir à la Providence une satisfaction pour un dédain si aveugle et si lâche de tous les devoirs et de tous les droits ?

Cette considération toute seule justifie ce que nous avons dit de la France. Et ici, on le voit, nous ne tenons pas compte de ses propres révolutions ; nous ne tenons compte que de son génie et de la mission que Dieu lui a donnée de sauver le monde.

Revenons à Dona Isabelle.

III. C'était donc une grande question, que celle qui semblait arriver sous la plume de M. de Ochoa, une question de droit national et de droit public tout à la fois, grave dans son principe, grave dans ses conséquences et digne de l'examen de tous les politiques

M. de Ochoa l'a tout au plus indiquée ; pour lui, tout se résume dans l'apothéose de Dona Isabelle II. Et quelle apothéose ! Isabelle a été quelque temps appelée *l'Innocente* : il faut à présent l'appeler *la Sainte* ! Et puis ce surnom même sera faible ; bientôt nous allons dire : *l'Angélique.*

Et, naturellement, cette glorification a besoin de son contraste ; ce contraste, c'est don Carlos, et avec don Carlos le Moyen-Age.

Voyons !

« L'éducation que reçut la jeune reine fut conforme à ce que nous appellerons la mission providentielle dont elle semblait être investie dès le moment où Dieu l'avait fait naître pour l'opposer dans l'ordre politique et social au représentant en Espagne des idées et des sentimens du Moyen-Age. Car tel était à bien dire l'infant don Carlos ; tel on l'avait vu à la cour du roi son frère, tel il fut à sa cour errante d'Onate, tel il est dans l'exil. C'est là sa force en même temps que sa faiblesse : il est fort parce qu'il est immuable, comme le parti qu'il représente ; il est faible parce que l'action lui manque, et qu'il n'y a de force complète que la force agissante. »

Donc Dona Isabelle était la force agissante ; et par elle l'Espagne allait, grâce à Dieu ! être délivrée *des idées et des sentimens du Moyen-Age,* ce grand péril des temps présens.

Voici comment :

« Les premiers maîtres qu'on donna à la reine Isabelle, de même qu'à sa jeune sœur, furent des hommes de science, connus par leur attachement aux idées libérales. Ses progrès furent rapides, son esprit se développa de bonne heure dans cette brûlante atmosphère qu'une révolution mûrie au feu des combats remplissait de troubles toujours renaissans. C'était tantôt l'émeute des rues qui apportait de loin aux oreilles enfantines de la reine et de sa sœur ses cris forcenés ; c'etaient parfois des élans d'un enthousiasme dont il est aujourd'hui difficile de se faire une idée, qui venaient apprendre aux deux jeunes sœurs, effrayées sans doute de ces démonstrations furieuses, combien l'amour des peuples a souvent de terribles apparences.

» C'est qu'en effet, à ces acclamations dont elles étaient l'objet ou du moins le prétexte, venaient parfois se mê er, tantôt de sombres menaces, tantôt des cris de mort. La révolution demandait chaque jour de nouvelles conquêtes, et pour en obtenir de plus rapides, les malheurs publics lui étaient un prétexte excellent. Chaque revers des armées était signalé par une nouvelle exigence des meneurs : aussi les ministères se succédaient-ils avec une célérité inouïe. Que d'intrigues autour du pouvoir !

mais aussi que de loyauté, que d'héroïsme dans les camps, au milieu des plus rudes privations ! que de dévouement dans les masses ! On avait alors sous les yeux, à la fois, les plus nobles exemples et les spectacles les plus hideux. On se faisait massa crer plutôt que de prêter le moindre secours aux rebelles, et aussi. hélas ! on assassinait lâchement dans les cloîtres de Barcelonne et de Madrid, au nom de la liberté, des malheureux sans défense, coupables seulement de porter le nom et l'habit de moine !... »

On le voit; tout allait bien, et le Moyen-Age reculait bien loin, grâce à l'assassinat des moines dans les cloîtres.

« Bien que trop jeune à cette époque. continue M. de Ochoa, pour méditer sur ces grands enseignemens pratiques (*pratiques* ! des moines assassinés !), la fille de Ferdinand VII dut en être frappée profondément; certes, il ne faut pas croire qu'ils aient été perdus pour elle. »

Et M. de Ochoa explique en ces termes le bon effet de ces enseignemens :

« Voici ce que vit la reine d'Espagne dès qu'elle ouvrit ses yeux au jour de la raison: d'abord toujours à ses côtés, sa mère la couvrant de son amour, luttant avec un grand courage et une habileté rare pour lui garder aussi intact que possible l'héritage paternel; puis une multitude d'Espagnols se faisant tuer au cri de : *Vive Isabelle* ! avec la joie *passionnée* des martyrs (si ce n'est que la joie des martyrs est sereine et non *passionnée*). Elle vit la plus grande partie de la nation aimant mieux courir les chances d'une guerre désastreuse que d'abandonner les droits des deux orphelines, contestés par un parent rebelle. »

Rebelle ! C'est bientôt dit. Mais la question même de rébellion n'est pas effleurée. Cette question est tout entière dans la violation des actes de 1713; M. Ochoa en fuit l'examen.

Toujours est-il que les *enseignemens pratiques* avaient été féconds. Ne perdons aucune parole :

« C'est dans les fortes impressions que la reine dut recevoir dès ses plus jeunes années, qu'il faut chercher les racines des sentimens et du caractère que plus tard elle a développés sur le trône. En voici encore, ce nous semble, une nouvelle preuve ; on prétend, et nous le croyons sans peine, que la reine Isabelle est fort jalouse de son autorité royale. Ne serait-ce pas là un *fait* dont on pourrait trouver l'explication bien naturelle dans son enfance, bercée par l'ouragan des passions révolutionnaires ? Lorsqu'on a vu son héritage sérieusement menacé; lorsqu'on s'est senti longtemps près de se voir ravir un bien qu'on possède par droit légitime, il est tout simple qu'on y tienne avec une force bien plus grande que lorsqu'on n'a jamais connu le danger d'en être privé. Pendant la guerre dynastique, d'abord, puis sous la régence du maréchal Espartero, si remplie de troubles, établie sous des auspices si peu rassurans, inaugurée par une révolte militaire, signalée par l'exil de la reine-mère et par la spoliation violente de ses droits de régente du royaume et de tutrice de ses enfans; en un mot, pendant toute la minorité de la reine, la sécurité, le calme n'ont jamais été le partage de cette auguste princesse. Aussi est-elle bien surnommée, dans le langage héraldique du blason nouveau, *Isabelle la Contrariée.* Qu'y aurait-il d'étonnant à ce que toutes ces circonstances, suspectes pour le moins, eussent éveillé de bonne heure dans son âme une invincible méfiance des ambitions outrées, jointe à un surcroît d'attachement à l'autorité qu'elle tient, comme son aïeul Henri IV, du droit que donne la victoire et du droit de la naissance ?

» Voilà donc expliqués sans effort, ce nous semble, les deux traits les plus saillans de la physionomie pour ainsi dire officielle de la reine d'Espagne : voilà pourquoi elle est *très espagnole,* comme elle se plaît elle-même à le répéter aux personnes qu'elle honore de sa confiance ; voilà encore pourquoi elle est jalouse de son autorité royale. »

C'est bien ; nous aimons ces *traits saillans* de Dona Isabelle ; *très espagnole et très jalouse de son autorité!* Le moment est certes propice pour mettre en action ce caractère, *cette force agissante,* comme nous a dit M. de Ochoa. Allons! forte Reine, montrez au monde ce que vous êtes.

Poursuivons.

M. de Ochoa entre dans le détail de cette physionomie royale.

« Jamais on n'a mis en doute, dit-il, la bonté foncière du caractère de la reine d'Espagne, sa douceur même, portée à ce point qu'elle n'a jamais pu faire verser une larme... Pourtant, il est à remarquer que pas un de ses nombreux ministères n'a exercé sur elle cet ascendant exclusif, cette sorte de domination morale dont on trouve de si affligeans spectacles dans l'histoire des princes de sa race. Toujours reine avant tout, lorsqu'elle a cru le bien public où sa dignité personnelle intéressée à un changement de cabinet, elle n'a jamais hésité à faire taire ses penchans et à se donner de nouveaux conseillers. »

Donc femme parfaite et reine parfaite !

N'y a-t-il pas enfin quelque ombre à ce tableau céleste?

« Un sens très droit, un ardent amour du bien, une générosité portée parfois jusqu'à l'excès, sont des qualités qu'on ne saurait refuser à la reine d'Espagne. La calomnie si acharnée après elle, ne trouvant pas à mordre dans sa vie publique, s'est attachée comme un serpent à sa vie privée. Qu'il nous soit permis de faire à ce sujet un raisonnement bien simple : dans la croisade démagogique contre les trônes dont une partie de ıa presse européenne nous fournit depuis quelque temps le déplorable spectacle, le trône espagnol a eu sa part d'affronts et d'injures à essuyer ; mais, chose singulière, dans ces lâches attaques, la *reine* a toujours été épargnée ; on s'est contenté d'essayer, à son égard, mais en vain, de noircir la *femme*. N'est-ce pas assez prouver combien la malveillance aux abois, forcée de fournir sa pâture de scandale et de venin aux passions mauvaises, s'est trouvée impuissante à remplir sa tâche envers cette noble princesse ? Aussi en a-t-on dit ce que, dans aucun cas, des écrivains honnêtes n'auraient dû jamais dire ; car pour les rois, de même que pour les sujets, le foyer domestique est un sanctuaire où personne n'a le droit, ni même puissance de porter sans honte un regard indiscret. Déchirer la vie privée d'un roi, c'est prouver qu'on n'a rien à déchirer dans sa vie publique, offerte à tous les yeux. C'est tout à la fois un aveu de méchanceté, de haine et d'impuissance.

» Nous avons hâte de quitter ce terrain fangeux, où la nécessité bien triste de repousser des traits infâmes nous a forcé pour un moment de mettre le pied. Lorsqu'on rencontre une vipère sur son chemin, il faut bien surmonter son dégoût pour lui écraser la tête. »

A la bonne heure! la vipère est écrasée, et la vertu lève la tête.

N'omettons rien de ce portrait de reine plus forte que la calomnie.

« La reine dona Isabelle II, grande, forte et belle, porte sur son visage et sur toute sa personne l'empreinte des qualités que nous avons déjà signalées chez elle Dans son regard, tout à la fois doux et perçant, il est aisé de reconnaître à quel point elle est douée de cette faculté innée, dit-on, dans sa famille, de bien juger les visages à travers toute sorte de masques. Quelque chose de décidé dans son port et dans sa démarche témoigne chez elle de ce haut sentiment de sa dignité royale, ou plutôt de ce vif amour du pouvoir souverain que nous lui avons déjà attribué comme une suite nécessaire des circonstances par où sa vie a passé à travers tant d'orages. C'est d'ailleurs, dans l'intimité de la vie familière, une aimable et charmante femme, faite pour briller dans un salon autant que sur un trône. Elle parle couramment différentes langues étrangères, elle joue du piano et de la harpe. Elle chante d'une belle voix de mezzo soprano, elle peint d'une manière distinguée. Agile aux exercices du corps, malgré un embonpoint précoce et héréditaire, hardie, intrépide même au besoin, elle sait manier avec grâce un cheval fougueux. Elle excelle à la danse, sa passion favorite de jeune femme, qu'elle a sacrifiée depuis à ses nouveaux devoirs de jeune mère. Ces devoirs, elle les remplit, dit-on, avec la tendresse la plus exaltée comme la plus assidue. On connaît la finesse de ses reparties, l'esprit charmant de sa conversation ; il est pourtant à remarquer qu'elle déteste au plus haut point la moquerie. Le dédain, le sarcasme lui sont particulièrement désagréables. Jamais elle n'a fait un affront à qui que ce soit. Dans son intérieur, jamais elle ne demande un service sans ajouter quelque mot d'excuse, quelque parole gracieuse, comme pour enlever à sa demande les apparences d'un ordre. Jamais rien de hautain ni dans sa voix, ni dans son geste ; mais une dignité calme et réfléchie qui impose bien autrement que la brusquerie ou les éclats. Aussi est-elle adorée de sa famille, de ses serviteurs, de toutes les personnes qui ont l'honneur de l'approcher. »

Maintenant rien n'y manque ; et voilà l'apothéose achevée.

A Dieu ne plaise que nous soyons tentés d'opposer l'examen à l'enthousiasme, et le doute aux adorations ! Non, certes ; nous prenons au contraire toute cette poésie au sérieux ; Dona Isabelle est grande, elle est forte, elle est belle, elle est douce ; elle danse, elle chante, elle joue de la harpe, elle manie un cheval fougueux ; et puis encore elle est tendre mère, et avec cela *très Espagnole*; elle a reçu tous les dons du ciel : charmante reine ! et charmante femme ! si ce n'est qu'elle prend de l'embonpoint. Que M. de Ochoa la célèbre donc avec toute sa pompe de poète ; c'est bien là l'heureuse princesse que Dieu envoyait à l'Espagne pour l'arracher *aux idées et aux sentimens du Moyen-Age*, pour la sauver de la politique idiote de ce *rebelle* d'Onate, pour la faire entrer, en un mot, *dans le chemin de la civilisation*, comme dit encore M. de Ochoa : comment douter de la prédestination d'une princesse si accomplie ?

Mais, hélas ! plus elle est accomplie, plus la Providence manifeste en elle ses grands desseins, plus aussi la raison politique va s'étonner de voir de si rares vertus inutiles, et de si divines promesses évanouies. Quoi ! la Providence manquerait-elle à l'Espagne ? Où est donc cette *force agissante* que n'avait point D. Carlos, et que devait avoir Dona Isabelle ? Où donc cet amour jaloux de l'autorité royale, développé dans les orages des révolutions ? Où donc cette forte éducation, reçue sous les grands exemples d'une admirable mère ? Où donc ces qualités merveilleuses qui maîtrisent et fascinent les peuples ? Où donc cette douceur *qui n'a jamais pu* faire verser une larme ? Où cette sagesse politique, en un mot, qui devait montrer que le Moyen-Age était fini et que des temps nouveaux venaient d'éclore ? Chose triste ! M. de Ochoa, après ce menu détail de tant de perfections et de mérites, dit, en gémissant, que Dona Isabelle n'en a pas moins été en butte à toutes les contradictions, et il veut que l'histoire lui donne un surnom, qui atteste l'injustice des hommes, en dépit de tant de bienfaits et de tant de charmes, le sur-

nom d'*Isabelle la contrariée* ? N'est-ce pas de quoi déconcer-
ter l'apothéose ?

Toujours est-il que la question politique reparaît de la
sorte. Que M. de Ochoa voie à présent où aboutissent les pré-
férences de personnes, là où la raison politique ne doit rechercher que la réalité des droits ? Ce fut bientôt fait d'arracher à un vieux roi, sous le charme d'un jeune hymen, l'abolition de la loi salique ! L'Espagne allait être sauvée ! comment
donc est-elle dans l'abîme ? Et cette reine parfaite, qui plus
tard devait délivrer la nation des incapables, quoi ! la voilà,
avec son génie, devenue impuissante.

Est-ce là tout ce qu'a su faire la politique qui sauvait l'Espagne de don Carlos, de ce roi du Moyen-Age ?

N'abusons pas d'une logique qui finirait par être impla-
cable. Mais songeons pourtant à la Providence, qui ne souffre
pas que les règles des Etats soient brisées par la fantaisie des
princes ou par celle des peuples. Ce n'est pas Dona Isabelle
qui a rompu l'hérédité espagnole ; d'autres l'ont fait pour
elle ; mais, comme il arrive, le méfait s'expie en sa personne,
et plus on exalte son mérite, plus on donne d'éclat à la justice que Dieu exerce sur les rois.

C'est le dernier *enseignement pratique* que nous allons
tirer de la situation de l'Espagne.

IV. Après la pompe des adorations pour Dona Isabelle vient
l'enthousiasme des apologies pour la politique de son règne.

Ici non plus nous ne contestons rien à M. de Ochoa. Qu'il
glorifie à son aise tous les miracles de progrès depuis 1832 !
Nous tenons tout pour avéré, et nous allons, s'il veut, répéter ses applaudissemens et ses élans d'apothéose.

— « Aujourd'hui l'Espagne est régie par un gouvernement
constitutionnel. Ces paroles en disent plus que des pages en-
tières — L'Espagne a presque doublé sa richesse par le dé-
samortissement des propriétés du clergé, etc. — Elle a un
véritable système tributaire — Plus d'absurde division terri-
toriale. — Les cours royales ne sont plus présidées par des
capitaines généraux. — Un alcade de village ne saurait plus
être un despote. — Les municipalités (ayuntamientos), ces
corps éminemment populaires, dont la puissance a toujours
été si grande en Espagne, ont été restreintes à de justes limi-
tes. — Il en a été de même pour les députations provincia-
les. — On n'étudie plus la philosophie incroyable de Gudin
et de Guevara... Le professorat est devenu une carrière aussi
lucrative qu'elle est honorable. — La marine ne tardera pas
certainement à se relever. — Quant aux travaux publics, il en
a été plus entrepris et mené à terme pendant ces vingt der-

nières années que durant le demi-siècle précédent, — c'est à Madrid surtout que les progrès ont été le plus frappans, etc. »

Nous abrégeons, nous ne changeons pas le texte, et nous ne le contredisons pas non plus; toute l'Espagne, en un mot, a été renouvelée; c'est une merveille! et si Ferdinand VII sortait de son tombeau, dit M. de Ochoa, il ne se reconnaîtrait pas dans cette nouveauté de magnificences, de bienfaits et de prodiges.

Ah! ça, la nation espagnole, comblée de dons versés de la sorte à pleines mains par Dona Isabelle, est donc un monstre infâme d'ingratitude! Comment! voilà le gouvernement constitutionnel qui fait ce miracle, de la délivrer du *Moyen-Age*, ce hideux fantôme, et puis de la doter de tous les biens qu'a rêvés le progrès moderne! et lorsquelle n'a qu'à se reposer dans sa bonne fortune, elle se met à dégrader la Royauté de qui elle l'a reçue! Quel est ce mystère?

Nous n'allons pas ici redire tout ce qui s'est vu à cet égard de retours étranges dans la conduite de l'Espagne: tout se résume en un seul souvenir, à savoir, dans cette âpre colère du peuple contre la reine Christine, au génie de laquelle pouvaient cependant se rapporter ces transformations si célébrées. Cette princesse, vers qui devait monter la gratitude pour tant de biens, n'est-ce pas? a été obligée de se cacher dans le palais de sa fille, à peine défendue par des soldats fidèles, menacée à toute heure d'outrage et de meurtre, puis emprisonnée dans sa retraite par des sicaires, ardens à épier sa fuite, si bien qu'on les a vus fouiller la bière d'un pauvre mort, comme si la veuve de Ferdinand n'avait dû avoir de refuge que dans un sépulcre. Eh! quoi, c'est la le prix du courage qu'avait eu la jeune reine de 1830 de mettre aux mains de Ferdinand VII la plume qui allait rayer des lois espagnoles la loi française d'hérédité! Et c'est aussi là tout le fruit de cette politique d'intelligence et de salut, si hardiment opposée aux stupidités royalistes des amis et des serviteurs de Don Carlos!

Il y a là une trop cruelle accusation pour l'honnêteté ou pour la raison de la nation espagnole, et nous hésitons à croire à tant d'iniquité ou à tant de délire. Il faut chercher d'autres explications à de tels contrastes.

L'explication la plus simple, c'est que tout marche, dans les sociétés politiques, selon une loi logique, inflexible et universelle, qui veut que chaque principe ait ses conséquences.

Nous avons dit que le canon qui fit palpiter Madrid le 10

octobre 1830 n'avait pas annoncé une naissance. mais une révolution; ce canon gronde toujours, et il grondera long-temps sur l'Espagne.

Ce canon signifiait que la monarchie espagnole, sous pré-texte de rentrer dans ses coutumes antiques,—ce qui était dire, et cette fois avec vérité, dans *les idées et dans les senti-mens du Moyen-Age*,—se livrait désarmée à tous les hasards des intrigues de palais, et qu'en cela même elle donnait le signal à toutes les entreprises de rue.

Aussi n'y eut-il en Espagne aucune méprise. Une fois la séparation prononcée dans la maison royale, on vit soudain la séparation se faire dans le peuple : pour la princesse en qui on prétendait faire revivre les vieilles lois, toute la par-tie de la nation dont le principe est de ne croire à aucune loi ; pour le prince qu'on pensait déshériter, toute la partie de la nation fidèle au droit constitutif des Etats : c'est-à-dire, d'un côté, la révolution moderne avec son cortége accoutu-mé d'anarchie, de l'autre, l'ordre politique et social avec ses conditions connues de fidélité et de discipline.

Voilà ce qu'avait préparé cette fameuse *pragmatique* du roi Ferdinand; voilà ce qu'accomplissait la naissance de Dona Isabelle.

Et ici il ne faut plus chercher la contradiction qui pour-rait se trouver entre les actes de politique de Dona Isa-belle et les actes d'ingratitude de la nation. Non ! non ! en fait de droit révolutionnaire, tout marche indépendam-ment de la sagesse des pouvoirs. Et qu'importe qu'un pouvoir soit habile , qu'importe même qu'il soit fort , dès qu'il porte en soi le germe d'un mal rongeur, con-tre lequel, à la longue, tout est impuissant, la force comme l'habileté ?

En rompant les conditions de droit public qui devaient af-fermir la maison d'Anjou, l'acte de 1830 avait livré l'Espa-gne à un ordre d'idées politiques incompatibles avec l'exis-tence de toute monarchie. Du même coup, on avait fait une révolution par rapport à l'Europe et par rapport à la nation. Une double conséquence était donc inévitable, l'affaiblisse-ment de la politique espagnole au dehors, la ruine de tout pouvoir au dedans ; et M. de Ochoa, dans une de ces heures où la poésie laisse à la raison sa liberté, pourrait dire si l'é-vénement a manqué, sous ce double rapport, à la logique.

Qu'est-ce que l'Espagne au dehors depuis 1830 ? Cette grande nation qui longtemps fatigua l'Europe de sa prépon-dérance, qui dans ce siècle tint en échec la France de Napoléon, que pèse-t elle aujourd'hui dans la politique avec tous ces beaux miracles de Dona Isabelle ? Le chercher serait puéril. Et au dedans qu'est-ce que l'Espagne? Elle s'est affranchie de la loi salique ; c'est vrai ! le trône peut passer a une femme, et nous le voyons ! Mais quoi ! il n'y a plus de trône; et voici que M. de Ochoa jette, à la fin de son dithyrambe, un cri sinistre : *Que Dieu sauve la reine !* dit-il ; hors de là il ne voit que des désastres. Et cependant que devient l'Etat politique ? l'Espagne frémit sous la menace de tempêtes qui grondent; les factions s'allument dans les provinces; les cités sont en proie à la sédition ; nulle force n'apparaît; l'Etat est livré à des tribuns matamores, à des généraux vantards ; et en tête de cette politique, un *duc de la Victoire*, titre digne tout au plus du Bas-Empire : voilà la grande Espagne, au dedans ! Et vous croyez, monsieur de Ochoa, que Dieu souffre le mépris qui est fait des lois qui régissent chaque peuple et des droits qui lient les nations entre elles ! Non, il y a dans l'humiliation des Etats le signe de quelque justice secrète. L'Espagne a méfait, et elle est punie ! Nous le disons en gémissant, car l'Espagne mérite un sort meilleur, mais elle ne peut y arriver, croyez le, qu'en rentrant dans les lois naturelles d'une monarchie qui veut être forte et libre. Ces lois lui sont connues; et, chose admirable ! le prince en qui elles se personnifient répond, par son intelligence et sa volonté, à tous les vœux d'un peuple qui sent le besoin d'arriver à des choses nouvelles, sans que ces choses nouvelles soient une table rase et un désordre. Vous ne direz pas, n'est-ce pas? que le comte de Montemolin représente un parti d'idiots ; vous savez sa valeur, vous savez la culture de sa pensée, vous savez l'élévation et la droiture de ses desseins. Allez ! faites que l'Espagne reprenne son rang entre les Etats. Sinon, vous le voyez, il ne vous servira de rien d'avoir proclamé que les femmes sont habiles à succéder; car il n'y a plus tout à l'heure de succession, il n'y a plus d'héritage, il n'y a plus ni mâles ni femelles, il n'y a plus rien, que quelques caporaux et quelques avocats se disputant sur des ruines.

LAURENTIE.

Paris.—Imprimerie spéciale et en commun pour les Journaux, de Dubuisson et Cᵉ, rue Coq-Héron, 5.